VOYAGE

DE

JACOBS D'HAILLY

GENTILHOMME LILLOIS

à Reims, dans la Champagne et les Ardennes

EN 1695

—

Relation inédite précédée d'une recherche
sur les Voyageurs en Champagne depuis le XVIIe siècle
jusqu'à nos jours

PAR

Henri JADART
Bibliothécaire de la Ville de Reims

ARCIS-SUR-AUBE
IMPRIMERIE-LIBRAIRIE LÉON FRÉMONT, ÉDITEUR
—
1899

VOYAGE DE JACOBS D'HAILLY

Extrait de la Revue de Champagne et de Brie
Année 1899
Tirage à 25 exemplaires

VOYAGE

DE

JACOBS D'HAILLY

GENTILHOMME LILLOIS

A Reims, dans la Champagne et les Ardennes

EN 1695

Relation inédite précédée d'une recherche
sur les Voyageurs en Champagne depuis le XVIIe siècle
jusqu'à nos jours

PAR

Henri JADART

Bibliothécaire de la Ville de Reims

ARCIS-SUR-AUBE

IMPRIMERIE-LIBRAIRIE LÉON FRÉMONT, ÉDITEUR

—

1899

VOYAGE DE JACOBS D'HAILLY

GENTILHOMME LILLOIS

A Reims, dans la Champagne et les Ardennes

EN 1695

AVANT-PROPOS

—

Voyageurs à Reims et en Champagne, du XVII° siècle jusqu'à nos jours.

Les récits des voyageurs, anciens et modernes, sont toujours d'un grand secours pour la connaissance exacte des localités et des monuments à une date donnée[1]. Ce sont des témoins, généralement impartiaux, qui disent ce qu'ils ont vu en passant, sans souci de plaire, ni de flatter l'amour-propre d'une ville au détriment d'une autre. Ils décrivent l'aspect d'une cité, signalent les mœurs des habitants, visitent les édifices civils et religieux, estiment les œuvres d'art. Ils précisent surtout parfois l'état des routes et celui des hôtelleries, et beaucoup se complaisent dans ces détails.

Nous parlerons spécialement ici des voyageurs érudits ou des curieux observateurs du xvii° et du xviii° siècle, et nous nous attacherons davantage naturellement à ceux qui ont parcouru la Champagne ou un coin de cette vieille province. Avant d'en venir à la relation inédite de Jacobs d'Hailly, qui est l'objet principal de cette notice, nous allons donc énumérer quelques-unes des parcours antérieurs les plus intéressants et déjà publiés dans nos revues ou nos collections d'histoire locale.

Tout au début du xvii° siècle, en 1609, c'est un jeune

1. Pour une époque plus ancienne que celle que nous étudions ici, recourir à une intéressante notice publiée par L. Demaison, *Une description de Reims au XII° siècle*, Paris, Leroux, 1893, in-8°.

ecclésiastique de Mons en Hainaut, François Vinchant [1], qui se présente à nous avec un récit très personnel de sa visite aux principales villes de Champagne, alors qu'il se rendait à Rome et traversait la France entière [2]. — Puis, en 1643, c'est François Ogier, secrétaire d'un illustre diplomate, Antoine de Mesmes, comte d'Avaux, qui précise les particularités du séjour de son maître à Reims, et celles de son passage dans les Ardennes et sur la Meuse en se rendant au Congrès de Munster [3]. — Nous trouvons ensuite, en 1646, l'auteur du vaste recueil des *Itinéraires de France* [4], François Baudot, gentilhomme normand, seigneur du Buisson et d'Aubenay, qui visita la Champagne méridionale et la décrivit fort amplement. Son récit nous a été donné récemment avec tous les renseignements accessoires les plus utiles à la topographie et à l'archéologie, par le plus compétent des érudits champenois [5].

Nous arrivons pour la fin du xviie siècle au voyage de

1. *François Vinchant, son passage en Champagne, à Reims, Châlons, Bar-sur-Aube, Clairvaux, etc.,* en 1609, analysé par le comte de Marsy, dans la *Revue de Champagne et de Brie,* janvier-février 1898, p. 5 à 10. — Le texte entier publié par Félix Hachez dans le *Bulletin de la Société royale belge de Géographie,* 1897.

2. Nous citons aussi pour mémoire en 1609, à l'égard de Troyes, car Reims est seulement signalé à propos d'une perquisition, la relation du voyage de Pierre le Monnier, notaire de Lille, intitulée : *Antiquitez, mémoires et observations remarquables... veues et annotées en plusieurs villes et endroits..... 1614,* rare et précieux volume décrit par M. Quarré-Reybourbon dans le *Bulletin de géographie historique et descriptive,* 1894. (Voir le passage donné à la fin de cette notice.)

3. Passage à Reims, en octobre 1643, du comte d'Avaux, plénipotentiaire au Congrès de Munster. — Le journal de son secrétaire rend compte de leur visite en ville, de leur réception, des monuments, des curiosités et d'une prise d'habit aux Clarisses, d'un office à la cathédrale, etc.....

(Texte communiqué en mai 1887 par M. Aug. Boppe, et publié dans les *Travaux de l'Académie de Reims,* t. XCIII, p. 275.)

4. Les *Itinéraires de France* sont des recueils manuscrits et inédits dressés par François Baudot, seigneur du Buisson et d'Aubenay, gentilhomme normand, mort en 1652. Sa relation sur Autun est publiée dans les *Mémoires de la Société Éduenne,* t. XIV, 1885, p. 273. — La relation du voyage qui l'amena en Champagne en 1646 se trouve dans le volume comprenant : « l'itinéraire de Brie, Champagne, Gastinois, Auxerrois, Hurepoix, Senonois, Beauce, Orléanois, Blaisois, Touraine et Anjou », qui fait partie des Mss. de la Bibl. Mazarine sous le n° 2694ᴀ. (Autun est du f° 50 à 63.)

5. *Voyage d'un archéologue dans le Sud-Ouest de la Champagne en 1646,* publié par Albert Babeau, *Troyes,* 1886, in-8° de 50 pp. — Il résulte d'une obligeante communication de ce savant compatriote que François Baudot n'est pas venu à Reims.

Jacobs d'Hailly, gentilhomme lillois, dont l'itinéraire pour la Champagne n'a pas encore été mis au jour. Nous en devons la connaissance exacte et la copie entière à M. L. Quarré-Reybourbon, correspondant des Sociétés des Beaux-Arts à Lille, qui en avait emprunté et publié le texte pour d'autres régions d'après le manuscrit original conservé à la Bibliothèque de cette ville [1]. Le voyageur, ainsi signalé à l'attention des géographes, n'était pas le premier venu dans cette grande et riche cité du nord ; c'était vraisemblablement le descendant de négociants opulents et anoblis, car il se qualifiait : « conseiller secrétaire du Roy, maison et couronne de France, escuier, seigneur d'Hailly, fils de feuz Jacques et dame Anne de Blondel. » Instruit et fort actif, il vivait noblement, voilà tout ce que nous savons de son existence dans sa ville natale. Mais nous connaissons mieux sa vie au dehors, grâce au *Recueil ou Journal de plusieurs voyages,* qu'il écrivit au retour de ses explorations avec un soin et une exactitude remarquables.

En 1690 et en 1692, il parcourut la Bourgogne et le midi de la France, puis l'ouest, la Bretagne, la Normandie et la Picardie.

A la suite de ces premières expéditions hors de la Flandre, un deuil profond l'atteignit à son foyer par la mort de sa femme, au mois de janvier 1695. Il consigna alors en ces termes, sur son journal, sa résolution de voyager encore, estimant cet exercice comme le seul remède à ses maux et la seule consolation qui lui restât :

« En cherchant, dit-il, à trouver du soulagement aux chagrins et à l'affliction que je ressentois par la perte cruelle que j'avois faits de la personne qui faisoit seul tous le bonheur de ma vie, je voulu esprouver si le voïage ne pouvoit pas faire quelques effets sur mon esprit accablé de douleur, en dissipants les mortels chagrins que je ressentois d'une si cruelle séparation, à cet effet je résolus d'aller voir le reste du royaume de France que je n'avois pas encore veu, non plus que les conquestes du Roy sur les bords du Rhin.

« Je partis de Lille le 22 aoust 1695, avec le mesme amis que m'a toujours tenu fidelle compagnie dans mes deux précédens voïages [2]. »

1. *Pierre-Louis Jacobs d'Hailly, gentilhomme lillois, voyageur au XVII* *siècle,* par L. Quarré-Reybourbon, secrétaire général adjoint de la Société de géographie de Lille. Extrait du *Bulletin de géographie historique et descriptive,* n° 2, 1897, in-8° de 24 pp.

2. Le nom de cet ami du voyageur n'est pas cité dans les passages publiés par l'éditeur.

C'est ainsi que Jacobs d'Hailly visita d'abord et successivement Douai, Cambrai, Saint-Quentin, La Fère, Laon et Liesse. Nous le prendrons dans la ville de Laon, puis dans ce lieu célèbre de pèlerinage, aux confins de la Picardie et de la Champagne, quand il se dirigeait vers Reims par Corbeny, Pontavert et Cormicy. Le séjour qu'il jugea nécessaire dans la ville des sacres pour la visite de tous ses monuments, fut coupé par une excursion à Châlons et à Louvois. Le voyageur prit ensuite la route des Ardennes, pour séjourner aussi à Charleville, à Mézières et à Sedan. Cette dernière ville lui offrit surtout l'attrait d'un superbe musée d'armes. Il en partit pour visiter le Mont-Dieu, célèbre Chartreuse, et remonter la Meuse par Douzy et Mouzon vers Stenay. Nous le quitterons alors dans sa marche vers Verdun, Metz, Nancy, puis Strasbourg, l'Alsace et Bâle.

Avant de parcourir le texte complet et détaillé de notre voyageur, donnant la description de notre contrée champenoise et ardennaise à cette date de 1695, il ne sera peut-être pas hors de propos de consigner rapidement les noms et les titres à notre intérêt des touristes postérieurs, qui ont également marqué leurs traces sur notre sol jusqu'à nos jours.

Ce sont les bénédictins, dans leurs *Voyages littéraires,* qui ouvrent la marche, les plus célèbres d'entre eux en 1696, D. Mabillon et D. Ruinart, enfants du pays rémois [1], puis leurs successeurs dans les traditions savantes, émules de leurs glorieuses et fécondes recherches au sein des archives et des bibliothèques. Leur récit est trop bref à notre gré, mais nous en recueillons les moindres détails avec la gratitude la plus profonde [2]. — La *Description de la France* par Piganiol de la Force est trop connue pour qu'il soit nécessaire de l'indiquer ici.

Viennent ensuite les étrangers, des Anglais notamment, qui parcourent nos provinces et séjournent dans nos villes pour en connaître les ressources et la société polie. Il existe, à cet égard, une relation curieuse dans une lettre concernant le passage, à Reims, du poète Thomas Gray et de Horace Walpole,

1. Description de Reims en 1696, par D. Mabillon et D. Ruinart, à leur retour d'Alsace. Se trouve à la fin de l'*Iter litterarium in Alsatiam et Lotharingiam* dans les *Œuvres posthumes de Mabillon*, t. III, p. 491-495. Traduction de tout ce passage sur Reims dans *Dom Jean Mabillon*, par H. Jadart, 1879, in-8°, *Reims*, p. 200 à 206.

2. *Voyage littéraire de deux bénédictins*, voir sur Reims, tome de 1717, 2° partie, p. 79 à 88, et tome de 1724, p. 36 à 39, avec figures.

fils du fameux ministre, à la date du 21 juin 1739. Cette lettre de Thomas Gray à sa mère a été récemment traduite par Mme Édouard Changeux et nous a été fort obligeamment communiquée avec d'intéressants commentaires.

Nous donnerons ce récit en entier à la suite de cette notice. On y trouvera des traits spirituels sur la vie locale, les réceptions, les danses et même les fêtes nocturnes. Il y aurait, pensons-nous, d'autres trouvailles à faire dans les publications des gens de lettres et des archéologues du xviiie siècle en Angleterre et en Allemagne [1].

C'est une Française, et des plus spirituelles, Mme de Genlis, qui nous renseigne aussi sur l'élégance mondaine et les salons de Reims à cette époque. Elle parle quelque peu des monuments, de l'église Saint-Nicaise en particulier qui la frappa beaucoup, mais elle s'étend surtout avec complaisance sur les charmes et l'agréable douceur de vivre, vers 1765, au château de Sillery [2].

Dix ans après, le sacre de Louis XVI donna lieu à une description d'ensemble de la route de Paris à Reims [3].

La Révolution approchait, et c'était l'heure où le célèbre observateur et agronome anglais, Arthur Young, traversait la France en tous sens, comme pour mieux en peindre l'aspect général à la veille de tant de catastrophes, de ruines et aussi de renouvellement. Son éloge des rues larges et bien bâties de Reims, des portes encore existantes, sa cure au champagne à l'hôtel du Moulinet où ce précieux nectar était d'un prix abordable, sa visite à la cathédrale qui lui plut moins que celle d'Amiens, tout cela est à lire et à relire comme une page

---

1. Le géographe allemand Busching donne une description de Reims et de la cathédrale dans sa *Géographie universelle*, édition de Schaffhouse, 1769, p. 122. *(Renseignement fourni par M. Louis Leger, professeur au Collège de France.)*

2. Sur un séjour de Mme de Genlis à Reims, chez la marquise de Droménil, grand'mère de M. de Genlis, vers 1765, et ensuite sur sa vie au château de Sillery, voir les *Mémoires inédits de Mme la comtesse de Genlis...* Paris, 1825, t. I, p. 290 à 294 et 355 à 378. — Voir sur le passage à Reims d'autres hôtes illustres, les relations des *Affiches de Reims*, analysées dans les *Travaux de l'Académie de Reims*, t. XCVI, p. 42.

3. Plan de la ville de Reims, dédié et présenté au Roy à l'occasion de son sacre par son très humble, très obeissant et très fidel sujet Dom Coutans, Bénéd. de Saint-Maur. — Plan in-8° oblong, à la fin de la *Description historique et topographique de la grande route de Paris à Reims*, avec le plan de cette dernière ville par Dom G. Coutans, Bénédictin de la Congrégation de Saint-Maur, in-4° oblong, *Paris, Vente et Vignon*, 1775.

d'observateur impartial et sensé[1]. Il y aurait beaucoup aussi à apprendre d'Arthur Young sur les vignobles de Champagne et l'état des cultures aux environs de Reims, car il visita Marcuil, Épernay, Ay, Sillery, Châlons, Courtisols et Les Islettes. C'est un ouvrage entier à parcourir ou à consulter.

Avec le xixe siècle, commence une série nouvelle et sans fin d'explorateurs et de récits de voyages, mais ils n'ont plus la saveur et l'originalité des anciens. Dans la plupart, apparaît le publiciste, hôte trop pressé généralement, et superficiel par métier à cause de la rapidité d'information exigée par la presse. Toutefois, nous bénéficierons un jour d'amusants comptes rendus de visites officielles et de chroniques semées dans les journaux. — Ne dédaignons pas les feuilles périodiques dont la conservation s'impose comme sources d'informations historiques. On trouvera tous les journaux de Reims, depuis 1830, à la Bibliothèque de cette ville.

Les revues seront, de leur côté, une ressource immense pour l'étude approfondie des régions qu'elles se sont départies comme champ d'informations. Elles réservent des surprises et des découvertes inattendues à ceux qui les fouilleront avec conscience jusque dans les replis de leurs menues informations, ainsi que nous l'avons constaté pour un voyage de Depping en Champagne[2].

1. *Visite de Reims par Arthur Young, en juillet 1789*. Il décrit la ville, arrivant d'Épernay et d'Ay : « Le premier coup d'œil de cette ville, au moment où l'on commence à descendre, est magnifique. La cathédrale s'élève d'un air majestueux, et l'église Saint-Remy termine noblement la ville. Ces aspects de cités sont communs en France ; mais à l'entrée, vous ne trouvez plus qu'une confusion de ruelles étroites, sales, tortueuses et sombres. A Reims, c'est autre chose, les rues sont presque toutes droites, larges et bien bâties, elles vont de pair avec tout ce que je connois de mieux sous ce rapport, et l'hôtel du Moulinet est si grand et si bien servi, qu'il ne détruit pas le plaisir causé par les choses agréables que l'on a vues..... La cathédrale est grande, mais me frappe moins que celle d'Amiens ; elle est cependant richement sculptée et a de beaux vitraux. On me montra l'endroit où les rois sont couronnés. On entre dans Reims et on en sort par de superbes portes très élégantes ; pour les décorations publiques, les promenades, etc., les villes de France sont bien supérieures à celles d'Angleterre. » Passage cité par M. Ch. Loriquet dans le *Compte rendu des Travaux de l'Académie de Reims* en 1877-78, et inséré dans les *Travaux*, t. LXIII, p. 19. Voir le texte complet dans les *Voyages en France pendant les années 1787, 1788, 1789*, par Arthur Young, traduits, annotés et précédés d'une notice biographique par H.-J. Lesage, 2e édition, *Paris, Guillaumin*, 1882, t. I, p. 238 et 239.

2. G.-B. Depping, membre de la Société des Antiquaires de France, mort en 1852. — On lit dans une notice que lui consacre M. Maury dans

Au-dessus des descriptions archéologiques et des impressions fugitives et sommaires, il est des passages d'hôtes illustres qui font époque pour une contrée, lorsqu'elle se trouve dépeinte de main de maître et dans un style qui la caractérise à jamais. Victor Hugo a rendu ce service aux pays rémois et ardennais dans sa traversée très rapide, mais caractéristique, en 1842, alors qu'il gagnait le Rhin[1]. Lors même qu'il ne s'arrêtait pas dans une ville, il en traçait une silhouette, un memento saisissant[2]. La ville de Reims avait d'ailleurs, de longue date, fixé son attention, tant à cause du sacre de Charles X auquel il avait assisté comme invité du vieux monarque[3], qu'en souvenir de sa cathédrale dont l'image restait fixée dans son esprit. Il avait tracé de ce merveilleux monument un croquis à la plume, donnant l'idée complète de sa physionomie et la présentant aussi fidèlement que les plus minutieux dessins de Viollet-le-Duc. Ce croquis a paru dans le catalogue de la riche collection d'autographes d'Alfred Bovet, et il n'y avait pas à se méprendre sur sa réalité[4].

Un autre illustre écrivain et historien, Michelet, a retracé des mêmes pays un tableau également vrai et profond. Le paysage de la Champagne, comme celui des Ardennes, avait pour lui des traits de famille et d'enfance qui éclataient dans sa

l'*Annuaire* de cette Société pour 1854, que ce savant, originaire d'Allemagne, fit vers 1806 une excursion de Paris à Reims le long de la Marne ; cette excursion donna lieu à un récit descriptif que Depping publia en 1814 dans le *Morgenblatt*, sous ce titre : *Promenades sur les bords de la Marne*, texte allemand à rechercher dans ce recueil d'après cette indication donnée dans l'*Annuaire Bulletin de la Société des Antiquaires de France* pour 1854, page 68.

1. *Le Rhin*, édition Furne, 1846, sur Épernay, Reims, p. 97 ; sur Varennes, p. 58 ; sur Rethel et Mézières, p. 97 ; sur Sedan, p. 101 ; sur Fumay, p. 107 ; sur Givet, son clocher, l'inscription en langue espagnole, etc., p. 114 et 115.

2. « *Ce qu'on voit de Reims en malle-poste* (juillet 1842)............ La malle-poste traverse Reims au galop, sans aucun respect pour la cathédrale. A peine, en passant, aperçoit-on, par dessus les pignons d'une rue étroite, deux ou trois lancettes du chevet, l'écusson de Charles VII et la belle flèche des Suppliciés, debout sur l'apside. — De Reims à Rethel, rien..................... » *Le Rhin*, par Victor Hugo, *Paris, Hetzel*, 1855, in-12, t. I, p. 59.

3. Lettres de Victor Hugo datées de Reims en mai 1825, lors de son voyage au sacre de Charles X, donnant la description de la ville et des cérémonies, publiées dans la *Correspondance de Victor Hugo*, 1815-1835, *Paris, Calmann Lévy*, 1896, p. 214 à 257.

4. *Causeries à propos de la collection d'autographes de M. Alfred Bovet*, par Philippe Godet, *Neufchâtel*, 1887, p. 68.

correspondance et dans ses notes intimes. La mère de Michelet, nous dit-il lui-même, était ardennaise. Il donna de même
sur Reims une peinture qui en fixait l'aspect réel il y a
soixante ans [1]. Le cadre a bien changé depuis, mais ceux qui
ont connu ce passé n'en nieront pas l'exactitude et la parfaite
ressemblance dans cette page de Michelet.

Après Young, Victor Hugo et Michelet, nous citerons Taine
pour clore la galerie des grands voyageurs et écrivains qui ont
parlé de la ville des sacres. Voici le tableau, la rapide vision,
qu'il traçait de sa cathédrale en une page étincelante de son
carnet de voyage :

« Tout à fait supérieur ; bien au-dessus des cathédrales de
Paris, Tours, Strasbourg, pour la richesse et l'élégance. Cela
fleuronne et foisonne comme un arbre épanoui de fleurs
mystiques chez Dante.

« Le caractère universel est l'élancé. La façade ressemble
au fronton d'un reliquaire ciselé, mystique, éblouissant, digne
d'être en or... Rien d'exagéré comme à Milan, c'est l'accom-
plissement et la fleur du gothique.

« Le chevet est admirable, c'est un chef-d'œuvre comme
celui de Cologne ; mais différent, et combien supérieur à la
sotte armature de contreforts, à la façon d'un crabe, de Notre-
Dame de Paris ? — On dirait un souvenir de Saint-Sernin et
du style roman méridional [2]. »

Ainsi Taine n'eut d'yeux à Reims que pour Notre-Dame, et
ne donna qu'un simple regard à la noble basilique de Saint-
Remi. Quant au pays de Champagne, lui qui en était l'enfant,
il le stigmatisait en trois lignes cruelles : « Le blanc crayeux
de la Champagne est horrible. L'effet prosaïque est complet.
Impossible d'apercevoir une forme ou une couleur belle.
Jamais les arts ne naîtront ici. » Arrêtons-nous. C'est une
spirituelle boutade de l'illustre penseur, et nous en appelons à
sa Préface des *Ardennes illustrées*, dans laquelle il traita

1. En 1833, Michelet faisait de Reims ce portrait original : « Reims est
triste dans la largeur solennelle de ses rues, qui fait paraître les maisons
plus basses encore ; ville autrefois de bourgeois et de prêtres, vraie sœur de
Tours, ville sucrée et tant soit peu dévote : chapelets et pains d'épices,
bons petits draps, petit vin admirable, des foires et des pèlerinages. » Cita-
tion du *Guide-Itinéraire des chemins de fer des Ardennes*, par Jean
Hubert, in-12, *Charleville*, 1860, p. 37.

2. H. Taine, sa description de la cathédrale de Reims et de la Champagne dans ses *Carnets de voyage, notes sur la province*, 1863-1865, *Paris,
Hachette*, 1897, pages 229 à 231.

mieux sa province natale et lui reconnaît quelques lignes de beauté et de grandeur, en dehors de ses plaines trop nues et d'une monotonie qui l'attristait. C'est que Taine, au point de vue de la nature, n'aima que la Suisse où il repose !

Nous terminerons notre revue des voyageurs en Champagne sur ces noms contemporains, pour reprendre enfin le récit prosaïque, mais fécond en renseignements, du voyage de Jacobs d'Hailly il y a deux siècles.

Reims, le 10 décembre 1898.

RELATIONS DE VOYAGES

—

I

Voyage de Jacobs d'Hailly en 1695.

(Extrait de son Journal inédit.)

. . . .

Laon est la seconde ville du comté de Champagne [1], bastie dans la situation la plus avantageuse que l'on sçauroit désirer pour la bien fortifier ; on pouroit en faire une place imprenable ; elle occupe tout le sommet d'une montagne qui s'élève au milieu d'une plaine à perte de veu, escarpée de tous les costez, de telle manière que l'on n'y peut monter que par les deux chaussées que l'on y a fait, qui sont mesmes très difficiles à monter ; toute la croupe de la montagne est planté de vignobles. Laon est un éveschó suffragant de Reims ; Monsr de Clermont en est évesque, il porte la qualité de duc et pair de France ; c'est l'un des trois ducs et pairs ecclésiastiques qui assistent au couronnement des roys ; outre que cette ville est un éveschó, il y a un présidial, baillage et élection. Toute cette ville consiste en deux grandes rues qui traversent la ville d'un bout à l'autre, sçavoir depuis la citadelle jusques à l'abbaye de St-Martin qui est à l'autre extrémité de la ville ; elle est très peuplée, et remplis de beaucoup d'honnestes gens.

Nous commençâmes à voir la ville par l'église cathédrale, dédiée à N.-D., qui est très belle et d'une grandeur extraordinaire sans aucuns embaras comme il y a dans plusieurs églises ; le cœur est d'une beauté achevée, nous eusmes le bonheur de nous y trouver la veille de la dédicasse géneralle du diocèse [2], et par ce moyen nous vismes l'autel ornée avec toute l'argenterie qui est très belle et le cœur tendus d'une tapisserie qui correspondoit à tout le reste. Ce grand vaisseau est embelis au dehors de sept clochers qui font découvrir cette église à dix lieues de loing ; ayant veu cette église nous passâmes à l'autre bout de la ville pour aller voir l'abbaye de St-Martin, de l'ordre de Prémontré, où il y a une très jolie église. L'on nous fit voir le thrésor où il y a plusieurs pièces très considérables, entre autres une grande croix de vermeil antique garnie de pierreries où il y a du bois de la vraye croix,

1. Laon ne fit jamais partie du comté de Champagne. Ville du domaine royal, elle était située presque aux confins de l'Ile-de-France, du Vermandois, de la Picardie et de la Champagne.

2. Le dernier dimanche d'août, on célébrait encore en notre siècle la dédicace de l'église de Laon et de toutes les églises de son ancien diocèse, sous le rit grand solennel avec octave solennelle. Voir le *Paroissien latin-françois à l'usage de la partie laonnoise du diocèse de Soissons*, 1830. (Calendrier.)

le bras gauche jusques au coude de St Laurent où l'on voit encore les ongles ; il y·a encore quantité d'autres reliques qui ne sont pas fort considérables. Le bâtiment de cette abbaye est assez beau, mais le jardin, qui est la promenade de la ville, est très beau, ce n'est qu'un grand quaré de potagers, les alleés en sont charmantes ; en retournant à l'auberge nous vismes la petite église de St-Brice qui est très propre.

Ayant diné, nous allâmes promener vers la citadelle qui a 4 bastions que l'on laisse tomber en ruine, n'y ayant personne qui l'habite, pas mesme un homme de garde ; au faux bourg de Neuville, l'on voit la Ste Face, que nous n'eusmes pas le temps d'aller voir [1] ; nous logâmes au Dauphin, où l'on est très bien. Nous partismes le mesme jour de Laon, encore par la poste, à six heures du soir, pour aller coucher à Liesse, éloigné de trois lieues ; nous descendismes par la mesme porte que nous estions entré, n'y ayant que deux portes à Laon, l'une du costé de la Picardie et l'autre du costé de la France, nous sortismes par la porte de Picardie, nous traversâmes le faux bourg de Vaux, nous passâmes ensuite le village de Gizy, vous avez aussy à passer une grande lieue de bois qui est la forest de Samoussy, puis Athies, vilage, et N.-D. de Liesse ensuite, 3 l. [2].

Liesse est une petite ville de Champagne, fort renommé par la devotion que tous le monde y a d'aller servir une image miraculeuse de la Vierge qui a esté miraculeusement apporté de Barbarie par trois frères qui estoient prisonniers pour la foy, qui se sont trouvez en une nuict transporté en France. L'affluence du peuple y est extraordinaire, il y en vient de tous les endroits du royaume ; l'église n'est pas belle, l'image de N.-D. est au dessus du tabernacle du grand autel, qui estoit très magnifiquement ornée à cause de la dédicace générale du diocèse de Laon ; les lampes, les chandeliers, les figures d'argents n'y manquent pas et toutes les murailles du cœur sont tapissées de dons votifs d'argent. Nous logâmes à L'escu de france, où l'on est passablement bien [3].

Le 28 août, nous reprimes encore la poste, ayant entendu la messe devant l'image miraculeuse de la Vierge pour la prier de nous conserver pendant le reste de nostre voyage ; en sortant de Liesse nous entrasmes dans les bois, que nous ne quitasmes qu'à une demie lieu de Corbigny, vous passez le vilage de Montaigu qui est tout au milieu des bois [4].

Corbigny est un gros bourg eslogné 4 l. de Liesse, c'est encore un

1. Cette précieuse image a été transférée à la cathédrale.

2. De Laon à Liesse, on traverse Athies, Samoussy et Gizy.

3. *Notre-Dame de Liesse*, commune du canton de Sissonne (Aisne). L'Écu de France, hôtel existant encore dans la rue principale, a conservé son enseigne sur l'ancienne façade en pierre.

4. *Montaigu*, village du canton de Sissonne. — *Corbeny*, bourg du canton de Craonne, sur la route de Laon à Reims, ancien prieuré dépendant de l'abbaye de Saint-Remi de Reims, occupé alors par des religieux bénédictins, de la congrégation de Saint-Maur.

lieu de dévotion où l'on va servir St Marcou. Ses reliques reposent dans la grande église de l'abbaye de mesme nom, dans une grand' chasse d'argent qui est au dessus du tabernacle du grand autel ; cette abbaye est de bénédictins réformés. Nous descendismes de cheval pour faire notre prière au saint, ensuite nous remontasmes à cheval pour aller prendre d'autres chevaux à Pont à Vesle, 1 lieue [1].

Pont à Vesle est un bourg situé au bord de la rivière d'Aisne, qui s'en va jetter dans la rivière d'Oise à Compiègne. Ayant déjeuné à la poste, nous remontasmes à cheval ; au sortir de ce bourg, l'on passe la rivière d'Aisne dans un ponton ; vous passé Cormicy, gros bourg fermé de murailles [2], et jusque à Reims le pays toujours a estre fort montueux avec des petits bois de tems en tems, et si sablonneux que les chevaux ont de la peine à courir ; vous laissé sur vostre droite, à une lieue de Reims, l'abbaye de St-Thierry, qui paroit estre très belle [3] ; nous arrivasmes à Reims à midy et demy, éloigné de Pont à Vesle 5 lieues.

Vous entré dans la Champagne dès que vous avez passé la rivière d'Aisne qui la sépare de la Picardie ; cette province a eu ses comtes particuliers depuis l'an 958 jusques en l'an 1274 que Philippe le bel épousa Jeanne, reine de Navarre, héritière de Champagne et de Brie, fille d'Henry 3, dernier comte de Champagne ; depuis lors cette province a esté inséparablement réuni à la Couronne.

Reims est la première ville du comté de Champagne, quoy qu'elle n'en soit pas la capitale ; elle est située au milieu d'une plaine sur la rivière de Vesle qui coule au pied de ses murailles, elle prend sa source entre Tilly et la Croix [4], villages de Champagne, et s'en va jetter dans la rivière d'Aisne au dessous de Soissons. Reims est l'une des anciennes ville du royaume ; ce qui marque encore à présent son antiquité, sont les portes de la ville qui conservent les noms des fausses divinités du paganismes, telles que les portes de Cérès, de Mars, de Dilumiere, etc., et le château de César qui est pret de la ville [5] ; c'est une très grande ville mal peuplée, y ayant fort peu de

1. *Pontavert*, village du canton de Neufchâtel, ancien lieu de poste et d'embarquement sur l'Aisne.

2. *Cormicy*, bourg du canton de Bourgogne (Marne).

3. Abbaye de bénédictins de la congrégation de Saint-Maur, supprimée en 1777.

4. Erreur, la Vesle prend sa source à Sommevesle, près de Courtisols (Marne). — C'est la Noblette qui commence son cours entre Tilloy et La Croix en Champagne.

5. Impossible d'identifier ce *Château de César* avec un monument romain de Reims encore existant ; il faut y voir une appellation courante donnée aux Arènes dont les débris subsistaient encore en 1695 près de la route de Laon, non loin de la Porte Mars, et qui ont entièrement disparu depuis un siècle. Voici comment D. Marlot en parlait en 1666 : « Arenæ, quæ Remis videntur, paululum à mænibus remotæ, præter relictum aggerem, nunc peculiare nihil continent : has quidem Cæsaris castrum credunt, et nuncupant apud Sammarthanos. » — *Metropolis Remensis Historia,*

noblesse et de beau monde, presque tous les bourgeois estant marchands de vin, de serges de Reims, ou tonneliers ; cette ville est belle en ses bâtiments, toutes grandes maisons basties de plastres comme celles de Paris ; il y a 7 à 8 rues très belles et fort larges, les plus considérables sont la couture et la basse cousture, qui font une croisée où demeurent les plus gros marchands de vin et la plus grande partie des tonneliers [1] ; l'Université rend aussi Reims fort considérable, elle fust fondé l'an 1549 par Charles de Lorraine, archevesque de cette ville ; l'on n'y enseigne que le droit et la théologie [2] ; outre l'université, il y a un présidial et élection, avec archevesché. L'archevêque prétends estre primat des Gaules. Il est le premier duc et pair ecclésiastique, et il sacre les Roys de France à leur couronnement. Claude-Maurice Le Tellier en est presentement archevesque ; le gouverneur général de la province est Monsieur le *(en blanc)* [3].

Nous commençames à voir cette ville par l'église métropolitaine dédiée à N.-D., qui est l'une des plus belles églises du royaume, l'on peut dire que c'est une d'une beauté achevée, elle est toute couverte de plombs, le grand portail ou la façade que l'on regarde comme un miracle de l'art, est une pièce que l'on ne peut assez considérer ; il y a deux grosses tours qui s'élèvent au deux costés qui l'embellissent beaucoup, le vaisseau de cette église est l'un des plus grands qu'il y ait dans le royaume, le maistre autel est au milieu du cœur, précisément au milieu de la croisé de l'église ; tous lés ornements généralement qui servent à cet autel le jour des grandes festes sont de fin or, mesme le devant d'autel avec le retour du costé de l'évangile, le retour du costé de l'épitre n'est que de vermeil d'oré, ayant esté pris pour paier la rançon de François premier, lorsqu'il fust pris à la bataille de Pavie ; les six piliers qui soustiennent les rideaux autour de l'autel sont d'argent, la plus grande partie dorez ; il y a quatre de ces piliers qui ont esté donné pour reparations de quelques vols ou autres crimes, y ayant quatre hommes au bout, au lieu d'anges, qui font amande honorable [4].

Le thrésor est suivant le derlère de l'autel, dans une espèce de petite chapelle toute de marbre, au dessus est une grande croix d'or, de la hauteur d'un homme, garnie de fines pierres fort grosses, on les estime deux millions. Il y a de très belles pièces dans ce thrésor qui

---

t. I, p. 18. — On désigne aussi ces arènes sous le nom de *Fort de César*, dans le *Voyage de France... corrigé par le sieur Du Verdier*, Lyon, 1685, p. 95.

1. *La Couture*, quartier créé au xiie siècle pour la tenue des foires, aujourd'hui place Drouët-d'Erlon.

2. Aussi la médecine, et les arts au collège des Bons Enfants.

3. Charles-Maurice Le Tellier, archevêque de Reims de 1670 à 1710. — Le prince de Rohan, gouverneur de Champagne en 1693.

4. C'étaient des figures de priants. Jacobs donne un récit légendaire comme celui des *Suppliciés* du clocher à l'Auge. — Sur les décorations de l'autel à cette époque, voir Dr Marlot, *Histoire de Reims*, t. III, p. 528.

sont des présents que les roys ont fait à leur sacre, en autre qui sont les plus beaux, un navire d'or avec tous ses cordages émaillées et garnies de pierres précieuses, c'est le présent qu'a fait Louis 13, et un buste de St Remy de vermeil et de mesme façon que celuy de St Louis, c'est le présent du Roy présentement régnant, avec un ornement complet fond blanc tous brodé d'or [1] ; il y a encore d'autres pièces en or très belles, principalement une croix où il y a un grand morceau du bois de la vraie croix du Bon Dieu ; nous vismes aussy dans la sacristie, qui est très vastes, belles, et bien boissées, tous les ornements qui sont les plus beaux ; les plus belles pièces sont des chapes que donnent chaques évesque, suffragants de l'archevêché de Reims, lorsqu'ils viennent prêter le serments entre les mains de leur métropolitain. Il y a un grand tableau du côté de l'évangile qui représente la Cœne, l'on estime infiniment, c'est un présent du dernier cardinal de Loraine [2].

Au milieu de la grande nef il y a un petit dôme de marbre, c'est où étoit autrefois le grand autel [3], et ousques où St Nicaise raporta sa teste après que l'on luy eust coupé, sur le dessus du grand portail, en voulant s'opposer aux Huns qui vouloient entrer par force dans l'église.

Cette métropolitaine est desservie par 60 chanoines. Après avoir tous veu dans cette église, nous allâmes voir l'archevesché qui y tient, M. de Reims d'aujourd'huy l'a bâtie tous de neuf, hors le grand salon et la chapelle ; nous commençâmes à voir ce palais par la chapelle, qui est toute blanchis d'un blanc étincelant, l'autel est de mesme avec tous les filets et molures dorées. Le tableau est une copie du Christ en croix de Michel Ange, qui est à Rome au Vatican, c'est la seule copie que l'on a fait, qui a été tiré par un très habile peintre pour le cardinal Barbarin, qui l'a apporté de Rome lorsqu'il estoit archevesque de Reims [4]. De la chapelle, l'on passe dans le grand salon qui est orné de tous les portraits de grandeur naturelle des archevesques depuis sainct Remy jusques à présent [5]. Du salon vous entré dans un vestibule

1. Il y a ici quelques confusions, voici les présents royaux : Henri II donna à son sacre le Reliquaire de la Résurrection (encore au Trésor de Reims), Charles IX un Reliquaire en forme de soleil (enlevé), Henri III le vaisseau de sainte Ursule (conservé), Louis XIII un chef de saint Louis (enlevé), et Louis XIV un chef de saint Remi (enlevé). *Inventaire des Reliquaires, châsses, etc., en 1669,* dans les *Trésors des églises de Reims,* par Pr. Tarbé, p. 61.

2. Présent de Charles de Lorraine, c'est le tableau du Mutian, *Le lavement des pieds,* encore à Notre-Dame.

3. La tradition fixe au contraire à cet endroit la place du portail et non de l'autel.

4. Tableau de la *Trinité,* attribué au Guide, que l'on croit acquis par Ch. Maurice Le Tellier et non par son prédécesseur. *Catalogue du Musée de Reims,* par Ch. Loriquet, 1881, p. 11. Actuellement dans l'église Saint-Jacques.

5. Par Salon lisez la grande Salle, dite *Salle des Rois* depuis le sacre de Charles X.

qui est aussy orné de plusieurs portraits d'archevesque : à droite et à gauche vous avez deux grands apartements très magnifiquement meublez, particulièrement celuy qu'ils appellent l'apartement du Roy qui est d'une magnificence surprenante ; il y a encore au second étages trois beaux apartements qui sont aussay très bien meublés ; tous ce qu'il manque à ce palais est un jardin qui est trop petit et que l'on ne pourra jamais aggrandir à cause d'une rue qui passe par derrière [1] ; les offices et les écuries correspondent à la magnificence de ce palais, elles sont toutes voûtés ; l'on monte douze ou quinze degris du rez chaussée pour aller au grand salon.

Ayant vu ce palais, nous allames voir l'abbaye de Sainct Pierre aux moines [2] ; c'est un bijou qui charme la vue, le marbre n'y est nullement espargné, le tabernacle du grand autel est de bronze doré avec les colonnes en porphyre. Les quatre figures des évangélistes qui sont en bronze doré ne peuvent se paier, le cœur des religieuses est aussy très magnifique, au milieu est le tombeau de *(en blanc)* de Loraine, reine d'Escosse [3] ; il est de marbre noir, avec la figure de cette reine couchée et quatre anges au quatre coins, toutes ces figures sont de cuivre doré. Cette abbaye est de l'ordre de sainct Benoist, fondó par la maison de la Reine, le bâtiment de l'abbaye est très beau, mais il est trop enterré.

Nous allâmes ensuite voir l'église de l'abbaye de St-Nicaise, qui est très belle ; l'on admire sur toutes choses les piliers qui soutiennent le cul de lampe [4] ; ils sont d'une délicatesse surprenante ; dans la nef, à droite en entrant, est le tombeau de Ste Eutropie, sœur de St Nicaise, il est de marbre blanc soutenus de quatre piliers de marbre rouge et blanc : la vie et le martyre de cette sainte sont taillées en bas relief autour du tombeau, sur lequel sont quatre anges et au milieu une urne de marbre ; ce tombeau, qui est moderne, est au dessus du vieux tombeau qui est élevé d'un pied de terre [5]. Prez du grand portail il y a un tombeau antique de marbre blanc d'un nommé Jovinus, sur la plus grande face est représenté en relief détaché un chasse de lion parfaitement bien travaillé, on ne peut se lasser de le considérer. Le portail de cette église est très beau, ornez de deux tours qui out deux costés faites en piramides de pierre de tailles à jour, se sont toutes colonnes les unes sur les autres.

De cette abbaye nous allâmes à l'abbaye de St-Remy qui est là auprès ; l'église de cette abbaye n'a rien de beau en soy, le cœur est très large et peut passer pour beau, son pavé à la mosaïque est estimé

1. La rue du Cloître.

2. *Saint-Pierre-aux-Nonnes* ou *aux Dames*, dont il ne reste que deux pavillons et rien de l'église.

3. Marie de Lorraine, sœur de Renée I de Lorraine et du cardinal de Lorraine, morte à Édimbourg en 1560.

4. C'est-à-dire l'abside, la voûte qui termine l'édifice.

5. Sur les tombeaux et les autres détails de l'église Saint-Nicaise, voir la monographie de cette église, publiée par Ch. Givelet, 1897, in-4°, page 99.

l'une des plus rares pièces de l'Europe, l'autel est très richement paré les grandes festes, toutes est de vermeil doré mesme le devant d'autel avec des retours des côtés de l'épitre et de l'évangile ; il y a devant l'autel un grand chandelier à sept branches, comme l'on dépeint celui de l'ancienne loy des juifs, d'une beauté extraordinaire, l'on diroit qu'il est doré quoyque se ne soit que la couleur naturelle du bronze. Il y a une couronne suspendus au milieu du cœur en forme de candelabre d'une grandeur monstrueuse, le religieux qui nous accompagnait nous dit que l'on avoit fait cette couronne à l'occasion d'un sinode de 64 prélats qui s'est tenu dans ce cœur, pour que tous ces prélats fussent assis en ronds sous cette couronne et que personne ne peut dire avoir eu la première place ou préséance et par ainsy éviter les contestations pour les rangs.

L'on nous fit voir ensuite la Sainte Ampoule dont on se sert pour sacrer les roys de France, elle est dans une espèce de mausolée où est aussy le corps de saint Remy dans une chasse d'argent longue de 7 pieds ; ce mausolé est de marbre de diverses couleurs, il y a cinq niches, chaques niches séparé par une colonne, dans chaque niches est un duc et pair ou contes et pairs, à la petite face qui regarde l'orient est l'archevesque et duc de Reims avec le duc de Bourgogne, à la grande face qui regarde le nord, sont les ducs de Normandie et Guienne, les comtes de Champagne, Flandre et Toulouse ; tous habillez comme ils assistent au sacre des Roys ; à la grande face qui regarde le midy sont les ducs et comtes et pairs ecclésiastique, sçavoir l'Evesque et duc de Laon, l'evesque et duc de Langres, l'esvesque et comte de Châlons, l'evesque et comte de Beauvais et l'evesque et comte de Noyon, tous en habits pontificaux. La petite face qui regarde l'occident est l'endroit ou plutôt la porte par où l'on vous montre la Ste Ampoule et la châsse de St Remy ; toutes ces statues sont de marbres blancs d'une parfaite beauté, de grandeur demy naturel ; au dessus de ce premier ordre de colonnes s'élève en argent [1] la représentation de la châsse de St Remy en habit pontificaux, assis dans un fauteuil qui instruit Clovis à la foy, qui est à genoux d'un costé et la reine Clotilde de l'autre qui est debout [2], le tout en marbre blanc. Après que l'on nous eust fait remarquer tous ce que je viens de dire, l'on nous montra la Ste Ampoule qui est dans un reliquaire d'or, la liqueur qui paroist dans la petite fiolle est de couleur de musque, l'on dit que ceste fiolle a été apporté du ciel à St Remy pour sacrer Clovis nostre premier roy chrétien. Ce thrésor est fermé d'une porte de fer bien barré encore au dessus ; après cette porte de fer il y en a une de bois toute couverte de lames d'or garnie de grosses perles et d'une infinité de fines pierres ; il y a entre autres un ruby qui est encore brute de la grosseur d'un œuf de pigeons, il y a aussy des agathes

1. Erreur, ces figures qui existent encore sont en marbre, comme les statues des Pairs. C'étaient les bas-reliefs qui étaient en argent.

2. Ce n'est point Clotilde, mais un clerc qui se tient debout près du prélat.

onyx d'un prix infinis, vous voiez en mesme temps la châsse de St Remy où est son corps encore tout entier, ce que beaucoup de personnes on veu l'an 1646 que l'on a ouvert la chasse [1].

Après que l'on nous eust fait voir toutes les curiosités de l'église, l'on nous fit voir le cloistre qui est très beau ; le réfectoir et le chauffoir sont remplis de très beau tableau ; l'on nous mène ensuite au promenoir d'hiver qui est une grande salle de 150 pieds de long. L'on nous fit voir aussy la bibliothèque qui est parfaitement belle, l'on y a la plus belle vue du monde à cause de son élévation qui est au troisième estage ; cette abbaye est de l'ordre de St Benoist réformé. Monsr l'archevesque de Reims en est abbé.

En retournant à nostre auberge, nous vismes les églises des Carmes, des Jésuites, et celle de l'abbaye de St-Etienne, qui n'ont rien de beau, il y a une très belle tapisserie dans la dernière [2]. Le cœur de l'église des Augustins est très beau, les églises des clarisses méritent bien que l'on se donne la peine d'y aller. Ayant veu toutes les églises, nous allâmes voir les promenades qui sont le jardin des capucins et le jardin des arquebusiers, ce dernier est parfaitement beau, où il y a de très belles allées ; les salles où s'assemblent les chevaliers de l'arquebuse sont très belles et fort proprement meublées, ce jardin est l'une des plus grandes curiosité qu'il y a à voir à Reims ; nous alâmes ensuite voir la maison de ville qui serait très belle si elle estoit achevé. Il y a cependant deux places boisées qui méritent d'estre veues [3].

Le 31, nous primes une chaize à nous pour aller à Châlons sur marne, nous déjeunasmes à Sillery, 2 l., où il y a un château assez beau qui appartient à Messieurs Bruslard de Sillory ; la rivière de Vesle passe au pied, les allées dans les bois sont très belles et c'est tous ce qu'il y a à voir. Nous passâmes à petites loges, 2 l., et de là au grandes loges encore 2 l., où nous disnâmes, c'est un très mauvais gîte ; de ce bourg à Châlons, l'on conte encore 4 l., tous ce pays n'est qu'une plaine de quelques costé que vous vous tourniez, et dans la longueur de 2 ou 3 heures vous ne voiez que le ciel et la terre sans voir ny arbres ny buissons, nous arrivasme à 4 h. à Châlons, éloigné 10 l. de Reims.

Châlons sur Marne est ainsy nommé pour la distinguer de Châlons sur Saone en Bourgogne ; cette ville est très ancienne, l'une des plus considérable de Champagne, située sur la rivière de Marne qui la traverse et qui coule le long de ses murailles ; cette ville est grande, peuplée et remplis de fort beau monde ; les maisons, fort vilaines pour

1. Sur tous les détails donnés ici, se reporter à l'*Histoire de Reims* par D. Marlot, II, p. 500.

2. Dans l'église de Saint-Étienne-les-Dames, démolie à la Révolution, et dont quelques débris du portail, datant du xiie ou xiiie siècle, ont été récemment mis à jour dans une maison de la rue de l'Équerre.

3. L'Hôtel de Ville, commencé de 1627 à 1637, n'avait en effet que moi-tié de sa façade achevée à cette époque. Le cabinet du maire actuel est l'une des pièces ornées de boiseries.

le dehors et les rues extrêmement mal pavées, on divise ordinairement Châlons en ville, isle, et bourg ; les plus riches marchands habitent le faux bourg de Marne ; c'est une généralités et une évesches suffragans de Reims, dont Monsr Louis Antoine de Noailles, présentement nommé à l'archevesché de Paris, est évesque et comte, c'est le premier comte et pair ecclésiastique.

Nous commençames à voir la ville par la cathédrale, en nous y en allant nous vismes en passant la maison de ville qui n'a rien de beau que sa façade ornée de très beau bas relief [1]. L'église cathédrale est bâtie dans une isle que forme la rivière de Marne, elle est dédiée à St Estienne, cette esglise est très belle, ornée de deux belles pyramides ou clochers de pierres qui sont au deux costé de la croisées du costé du cœur, la façade qui est d'une architecture moderne est aussy très belle ; le dedans de l'église correspond au dehors et mesme la surpasse ; le grand autel du cœur est d'une magnificence surprenante et d'une beauté au dessus de ce que l'on peut dire, c'est un dôme oval tous doré soustenus de six grosses colones de marbre de différentes couleurs [2]. L'autel de prismes qui est derrière est aussy tous doré. La chaize de l'évesque est d'un très beau marbre ornée de dorures, toutes ces pièces ont été donné par Monsieur de Noailles, évesque d'à présent ; le jubé est aussy une pièce très belle, il est de pierres de taille blanches avec des colonnes de marbre noir, il y a deux figures l'une de St Joseph et l'autre de la Vierge que l'on estime beaucoups, les deux escaliers qui sont à chaques costé sont admirez par les architectes pour leurs hardiesses, ils font les trois quarts de cerclo soustenues de rien [3].

Ayant veu l'Église, nous allâmes voir l'ésvesché qui est là auprez, il ni a rien de magnifique dans ses meubles ny dans ses appartemens, il ni a qu'une grande propreté et un plein pied parfaitement beau. L'église des Jésuites est très jolie, bastie en croix avec un dôme au milieu qui n'est pas encore achevé [4]. L'église de N.-D., qui est une collégiale, est passablement belle. Le dehors paroist beaucoup mieux que n'est le dedans, elle est toute couverte de plombs avec ses quatre grands clochers aussy ; après avoir veu tout ce qu'il y avait de beau à voir en l'église, nous allâmes nous promener au Jar qui est sans contredit la plus belle promenade du royaume, se sont toutes allées d'ormes, tirées au cordeau à perte de veu, que la rivière de Marne environne, il semble qu'elle a pris plaisir à conduire son cours de manière à pouvoir environner cette promenade ; au bout de cette

1. L'ancien Hôtel de Ville datait de la Renaissance.

2. Maître autel encore debout, d'un beau style du XVIIᵉ siècle.

3. Jubé détruit comme tant d'autres. Heureusement celui de Notre-Dame de l'Épine a survécu !

4. Cette église, devenue la chapelle du collège communal, vient d'être démolie pour agrandir ce collège (1898). Voir la notice et 3 planches sur cet édifice dans les *Mémoires de la Société d'Agriculture du département de la Marne*, 1897, p. 91.

promenade, est la maison de plaisir de l'evesque de Chalons, nommé *(en blanc)* [1]. L'on peut faire le tour de la ville de Châlons à couvert sur les murailles. Nous logâmes à L'escu, où l'on est fort bien, mais fort cher.

Nous en partîmes le 1er septembre pour aller voir le château de Louvois [2], éloigné de 5 l. de Châlons, les jardins et les allées sont très belles, et le bâtiment est très beau pour le dehors, à quoy le dedans ne correspond point, les appartements sont très mal menagés, ce qu'il y a de plus beau c'est la chapelle qui est toute boisée et remplie de tableaux. Ce château est composé d'un gros pavillon avec deux aisles, une grande cour au milieu, avec une avant cour ; dans les aisles d'un costé sont les remises de caroses et de l'autre costé les écuries [3]. Le village de Louvois est mauvais, située au milieu des bois et des montagnes ; nous n'y trouvâmes pas du pain, heureusement que nous avions déjeuné à Condé, qui est un gros bourg à deux lieues de là ; nous passâmes, avant ce bourg, les villages de St-Martin et Lay [4], nous ayant bien promené dans les jardins nous remontames en chaize pour aller coucher à Reims ; nous eûmes pendant deux lieues les chemins les plus abominables qu'il y ait au monde, toujours dans les bois [5] ; hors des deux lieues, le pays depuis Châlons jusques à Reims est très beau, au sortir des bois de Louvois, l'on entre dans de très belles vignobles et l'on cotoie presque toujours la montagne qui est l'endroit où l'on recueille les bons vins de Champagne, nous la quittâmes à une lieue de Reims pour delà baisser sur la gauche ; avant que d'entrer dans Reims par la porte de Fléchembaut, vous passé la rivière de Vesle ; nous restames encore à Reims le 2e, nous logâmes à l'ours, où l'on est bien [6]. Nous partîmes le 3 de Reims après avoir dîné, dans le carosse de Mézières, nous allames coucher à Isle, 4 l. L'on sorte par la porte Cérès et vous passé le faux bourg du mesme nom ; avant que d'entrer dans le vilage d'Isle, vous passé la Suipes, qui est une petite rivière qui se jette dans l'Aisne à Variscour ; nous logâmes à la Poste, où l'on est pas bien, c'est cependant le meilleur endroit.

Le 4, nous en partîmes de grand matin, et nous allâmes entendre la messe et diner à Rethel, éloigné de 4 l., vous passez à moitié

1. L'évêque de Châlons avait sa campagne à Sarry, sur la Marne.

2. *Louvois*, village du canton d'Ay, ancien titre de marquisat pour Louvois, puis de duché pour les Dames de France, tantes de Louis XVI.

3. Le château a été démoli, mais une grande partie des communs, des avenues et des parterres s'est conservée avec l'aspect ancien. Un pavillon moderne a été reconstruit au milieu. Fort belle grille à l'entrée.

4. *Saint-Martin-sur-le-Pré*, et *Aigny* probablement.

5. Traversée de la forêt de la Montagne de Reims, de Louvois au craon de Ludes. La route n'a été créée qu'au xviii° siècle.

6. *L'ours*, maison rue de la Bûchette, près de l'église Saint-Hilaire, 1651, et hôtellerie, 1649. *Vieilles rues et vieilles enseignes de Reims*, 1897, p. 106. La rue de la Bûchette est la rue Pluche actuelle, p. 72.

chemin la *(en blanc)*[1], petite rivière qui s'en va jetter dans l'Aisne à Neufchatel. Avant que d'entrer dans Rethel, vous passez à la porte la rivière d'Aisne.

Rethel est la capitale du duchez de Rethélois, appartenant au duc de Mazarin, elle est située sur la pente d'une petite colines au bord de la rivière d'Aisne qui en lave les murailles, c'est un fort vilain trou, où il ni a rien du tout à voir[2]. La grande église est dédiée à St Nicolas, fort bien voûtez, mais fort basse ; au sommet de la montagne est le château dont on a ruiné les fortifications ; nous entendimes la messe aux minimes, qui sont dans le fauxbourg où nous logâmes, aux Trois meules, où l'on est parfaitement bien. Les melons de Rethel sont très estimé, nous y en mangâmes d'excellents[3].

L'après midi, nous en partimes pour aller coucher au bel air[4], 4 l., c'est une maison seule bâtie au milieu des campagnes et des bois, qui est de la paroisse de Launoy, vilage à demie lieu de là. A moitié chemin de Rethel, l'on passe Villes aux Moisnes, où il y a une belle abbaye nouvellement battis, l'on est passablement bien dans cet endroit[5].

Le 5, nous en partimes de bon matin, nous passâmes Launoÿ, et après nous entrâmes dans les bois que l'on quitte de temps en temps jusques à Varnicourt[6], 3 l., où nous déjeunâmes. De ce village à Mezières, l'on conte une lieu, vous passé la Meuse entre le fauxbourg et la ville et au sortir de Mézières pour aller à Charleville qui n'en est éloigné qu'un quart de lieu, vous la repassez une seconde fois à cause que ce fleuve fait un coude dans lequel est bastie Mezières, qui est quasi entourée de la Meuse ; tous le pays depuis Reims jusques à Rethel et même une lieu par delà est très beau, quoyqu'il soit un peu montagneux, mais depuis Villes aux Moisnes, il ne vaut plus rien, n'estant remplis que de bois, landes et de terres arides et ingrates.

Charleville est une ville toute neuve, située au bord de la Meuse à un quart de lieu de Mézières ; le chemin est très bien pavez avec deux rangs d'arbres a chaque costé, cette ville appartient aux ducs de Mantoue depuis que les ducs de Nevers ont hérité le duché de Mantoue. Charles de Gonzague, duc de Mantoue, la fait bastir l'an

1. La Retourne.

2. Différente impression : « Rethel, a écrit Victor Hugo dans *Le Rhin*, se répand gracieusement du haut d'une colline jusque sur l'Aisne. » Édition Furne, 1846, p. 97 du t. I.

3. Châlons est encore renommé pour ses melons, nous ignorions que Rethel ait eu pareil renom ; il peut y avoir eu confusion entre ces deux villes dans les souvenirs du voyageur.

4. *Belair*, ferme encore existante sur la route nationale, entre Viell-Saint-Remi et Neuvizy, avant Launois-sur-Vence.

5. *Novy-les-Moines*, commune du canton de Rethel, son prieuré est détruit, sauf une fort belle église de la fin du XVIIe siècle.

6. *Warnécourt*, canton de Mézières.

(en blanc) s.[1]. Elle estoit autrefois très régulièrement fortifiée, de mesme que le mont Olimpe qui estoit une forteresse imprenable, située au bout d'une montagne commandée de nulle hauteur; Charleville est un quarré régulier avec une porte au milieu de chaque face, une grande place au milieu, d'où vous voiez les quatres portes de la ville, la grande place est toute entourée de gallerie comme la place royal à Paris, hors le costé du couchant, où l'on avoit commencé le palais; au milieu de cette place est une très belle fontaine qui coule et jette de l'eau continuellement; tous les bastiments de cette ville sont d'une mesme architecture et les rues toutes percées également; il ni a que quatre église dans la ville, la paroisse, les Capucins, les Jésuites et les Carmélites.

Il y a un petit bois le long de la Meuse, à une portée de mousquet de la ville, qui est très agréables et qui mérite que l'on se donne la peine d'y aller, c'est un bois taillis tous remplis d'allées qui se coupent faisant des estoilles par tout ou des pattes d'oyes, c'est le cours de Charleville et Mézieres où le beau monde, qui y est en grand nombre, vient se promener; il est diminué de beaucoup depuis que le Roy a chassez tous les protestants du royaume, Charleville et Mézières estoient habitée par plus de religionnaires que de catholiques [2]; il y a un présidial dans cette ville qui siège souverainement sans appel au nom du duc de Mantoue. Nous logâmes à L'ange, où l'on est parfaitement bien. Ayant veu tout ce qu'il y avoit à voir à Charleville, nous allâmes voir Mézières, qui, comme j'ay dit cy devant, n'est qu'à un petit quart de lieues de là, vous passez auparavant le pont de l'arche avec le fauxbourg de mesme nom, qui est une souveraineté qui appartient encore aux ducs de Mantoue.

Mézières est une petite ville de Champagne, que l'on peut dire située au milieu de la Meuse puisquelle l'environne presque de tous costez, et par le costé que l'on la peut attaquer l'on y a basti une citadelle. Cette ville est très bien fortifiée, pour ce qui est de la ville, elle est fort villaine, les rues à peine sont pavées, et les maisons sont basties de plâtres; la grande église, dédiée à la Vierge, peut passer pour belle. Ce qui contribue beaucoup à rendre cette ville mal propre, se sont les fontaines qui y a dans toutes les rues qui coulent continuellement, et le tracas du peuple qui est fort nombreux.

Le 6, nous primes la poste, nous montâmes à cheval à dix heures pour aller diner à Sedan; nous passâmes la Meuse dans un bacq au mont Olympe; après quoy nous passâmes une montagne rude et nous ne fismes que monter et descendre jusque à un village qu'il y a à une demie lieu, et puis après nous eusmes toujours un pays unis, nous

---

1. En 1606, 1609 et 1610. Toute la description donnée ici de Charleville est fort exacte.

2. Il y a ici exagération ou confusion probable avec Sedan, mais cette relation est néanmoins intéressante à recueillir sur les effets désastreux de la révocation de l'Édit de Nantes en Champagne.

passames à guez un ruisseau à Brignes au bois[1], 2 l., et à une demie lieu de ce vilage nous entrâmes dans les prairies qui sont le long de la Meuse que nous suivismes tousjours jusques à Sedan, 4 heures ; les grands bois d'ardennes viennent à ces prairies, l'on les a fait raser depuis la guerre à deux portées de mousquets des prairies par ce que les ennemis peuvent très facilement venir dans ces bois jusques aux portes de Sedan et de Charleville.

Sedan est la ville capitale de la principauté de Sedan et de Raucourt, qui appartenoit autrefois aux ducs de Bouillon, mais qui a esté échangé pour d'autres terres avec le Roy par le traité, fait l'an 1642 avec Fréderic-Maurice de la Tour d'Auvergne, duc de Bouillon. Cette ville est située au bord de la Meuse du costé des Ardennes, elle estoit avant l'édit donné contre les religionnaires beaucoup plus peuplé qu'elle n'est à présent, quoy quelle le soit encore beaucoup[2]. Elle n'est pas fort grande, les faux bourgs suppléent à ce défaut puisqu'ils sont très grands. La ville est très belle, les rues larges bien percées et les maisons très bien basties de pierres de tailles et de briques. La manufacture des draps et des armes à feu rendent cette ville très considérable. Ce qui y a à voir à Sedan sont les fortifications qui sont parfaitement bien entretenues et les cazernes qui sont très belles ; les capucins ne méritent que l'on se donne la peine d'y aller que pour la belle vue que l'on y a sur toutes les prairies qui bordent la Meuse ; ils sont bâties dans les fortifications au sommet de la montagne. Nous allâmes ensuite voir le château ou plustost la citadelle qui est très fortes, c'est l'ancien château des souverains de Sedan, la plus belle chose et la grande curiosité de Sedan, c'est la salle des armes où l'on voit toutes sortes d'armes complettes comme l'on armoit autrefois les hommes et les chevaux, il falloit qu'ils fussent d'une force extraordinaire pour pouvoir porter des armes du poids de celle qu'il y a : nous y vismes les armes complettes du comte de Soissons, qu'il portoit lors qu'il fust à la bataille de Sedan, l'on voit le casque forcé et troué de la balle, au dessus de l'œil droit ; l'on voit aussy les armes du duc de Bouillon, dernier prince souverain de Sedan, elles sont ciselées en bosse d'une si grande beauté que l'on ne se lasse point à les considérer. L'on vous montre encore les armes de Mons. de Turenne et de deux ou trois amazonnes avec quantité d'autres armes antiques[3].

Quant aux églises, il ni a rien à voir, il n'i en a que deux qui sont la paroisse et les Jésuites ; la paroisse est bastie dans l'endroit où estoit autrefois le principal temple de la ville. Sedan estoit l'une des premières églises de la R. P. R. et il n'i avoit que des religionaires qui

1. *Vrignes-aux-Bois*, canton de Sedan-nord.

2. Il est certain qu'ici les protestants étaient fort nombreux, et que la révocation de l'Édit de Nantes causa de déplorables pertes au commerce et à l'industrie, aussi bien qu'à la noblesse locale, malgré la prudence qu'on apporta à son exécution.

3. Ce riche musée d'armes a été malheureusement dispersé.

y demeuroient [1]. Une des grandes commodité de cette ville, c'est que chaque maison a sa fontaine particulière, dans toutes les places et les rues il y a des fontaines qui coulent continuellement ; nous logâmes à L'ours, où l'on est parfaitement bien.

Le 7, nous montâmes à cheval de bon matin pour aller à la chartreuse du Mondieu, éloigné de 4 lieues de Sedan qui en vallent bien six ; cette chartreuse est située dans une vallée entre deux montagne, au milieu des bois ; c'est l'une ou plustost la plus belle chartreuse du royaume ; le cloistre où sont les celules est d'une majestueuse et d'une beauté extraordinaire ; au milieu de ce quarré est un grand bassin avec quatre jet d'eaux qui jettent continuellement, avec un beau parterre d'herbes qui remplit tout ce quaré, vis à vis du milieu et qui correspond à une perspective, il y a une longue gallerie avec des grandes fenestres de deux costós, ce qui fait une perspective naturelle et la plus belle que l'on sçauroit s'imaginer ; les celules des religieux sont très spatieuses, ayant chacunes quatre grandes chambres et un jardin. L'esglise, quoique petite, est très belles, toute pavée de marbre et les autels de mesme ; comme les eaux y sont en très grandes abondances, dans tous leurs places publiques il y a une fontaine. Nous y fumes très agréablement receu et traité, l'on defrais et traite pendant un jour tous ceux qui vont voir ce lieu là ; l'apartement du prieur que l'on nous fit voir est très beau, il a quatre chambres de plein pied, une très belle bibliothèque avec une très jolie chapelle au bout [2].

Après avoir tous veu, nous montâmes à cheval et retournasmes par le mesme chemin que nous estions venus, par un pays fort montagneux et remplis de bois qui ne laisse pas d'être très fertile ; nous passâmes les villages d'Ambli et Chemery, et nous cotolasmes quelques temps la rivière de Bar, qui serpente beaucoup dans les prairies qui la bordent de tous costez, c'est la vue la plus agreable que l'on puisse avoir que de voir les tours et detours que fait cette rivière, ce que vous remarqué très parfaitement du haut d'une montagne que vous passez.

Le 8, nous partismes de Sedan après avoir entendu la messe à la grande église ; l'on y fait l'office d'une manière extrômement édifiante. Mons. de Reims y a establis un séminaire, se sont les seminaristes, avec les PP. de l'oratoire, qui font l'office. Nous prismes des chevaux de louage à la poste, à un quart de lieu du faux bourg, nous passâmes le village de Ballan [3], où l'on travaille de beaux ouvrages

1. Voir l'état général des calvinistes et religionnaires de Champagne et Brie en 1685, publié dans la *Revue de Champagne et de Brie*, 1" série, t. III et IV.

2. La Chartreuse fut démolie presque entièrement à la Révolution. Son histoire et sa description, avec planches, ont été publiées par M. l'abbé Gillet, 1 fort vol. in-8°, *Reims*, 1889.

3. Le voyageur traverse *Balan, Bazeilles, Douzy, Mairy, Mouzon* (Ardennes), puis *Moulins, Inor* et *Cervisi* (Meuse) pour aboutir à Stenay.

d'acier de Sedan, puis après nous passâmes Bazey, où l'on passe à guez le ruisseau de mesme nom, Douzi, bourg, au sortir duquel vous passez la Riviere de Chiers, qui vient de Montmédy et qui va se jetter dans la Meuse entre Sedan et Stenay, Mery, village, ensuitte Mousson petite ville située sur la Meuse, où il y a une grosse abbaye de Bénédictin [1] ; de Mousson, vous passez à Moulins, Dinor, par Conti et Stenay [2], 6 lieues, où nous dinasmes. Pendant tous ce chemin l'on ne fait que monter et descendre...

. . . .

PIERRE-LOUIS JACOBS D'HAILLY.

(*Journal de Voyages*, 2 vol., pages 289 à 315, tome Ier. Manuscrit original conservé à la Bibliothèque de Lille, nos 525-526, copie obligeamment prise par M. Quarré-Reybourbon, en vue de la présente publication.)

II
Passage à Reims et à Liesse de Pierre le Monnier en 1610.

. . . .

Tellement que de ladite ville de Chaalons, arrivasmes à Reims audit pays de Champagne, qui sont dix lieues de France, sans rien trouver de remarque, outre l'Eglise et le portail de Nostre Dame dudit Reims, où est la Saincte Ampoulle de l'onction Royalle, assez décrite et cogneüe d'ailleurs [3]. En laquelle ville de Rheims se faisoit iors très bonne et seure garde, à cause de la mort du susdit feu Roy [4], et où nous entrasmes à très grande difficulté jusques à estré conduicts devant le lieutenant du Gouverneur d'icelle ville, qui ne faillit de nous fuster, et regarder le contenu de nos pacqs et valises, pour sçavoir si nous reportions nulles lettres [5].

Finalement arrivasmes à ioye et santé (la préveille du Sainct Sacrement dudict an mil six cents dix) au bourg de Nostre Dame de Liesse en Laonnois, distant autres dix lieues dudit Reims..........

Nostre Dame de Liesse est un beau Bourg, et une très belle petite Eglise au milieu, fort dévote et fréquentée de tous endroits pour les rares et solennels miracles y demonstrez, et qui s'y font encores journellement, par les mérites de la Saincte Vierge mère de nostre

1. L'abbaye a été transformée en Hôtel-Dieu, et la superbe église gothique des Bénédictins est devenue la paroisse de la ville.

2. Petite ville fortifiée sur la Meuse, d'où le touriste gagna Verdun, puis Metz et Nancy.

3. Le voyageur se trompe, la sainte Ampoule était gardée dans le tombeau de saint Remi et dans l'église de ce nom.

4. Il s'agit de la mort de Henri IV, le 14 mai 1610.

5. Le lieutenant des habitants de Reims était alors Jean Roland. — Il n'y avait pas de lieutenant, ni de gouverneur de la ville.

Redempteur, à cause de son ancienne et miraculeuse origine, et transport audit lieu de son Image de Liesse, de par de la mer, selon que l'histoire contient plus amplement. Auquel lieu ayant fait ma dévotion, et y oüy la saincté messe, par la veille du Sainct Sacrement, voulant aussi en retirer quelque mémoire pour la fin et couronnement de ce discours, j'advisay au costé dextre du doxal [1], au devant d'un autel et un tableau très bien escrit, cette oraison, en forme de balade, que j'ay icy transcrite de mot à autre :

BALLADE A NOSTRE-DAME DE LIESSE

Nous Pelerins de generation
Issus d'Adam et d'Ève sa partie.
Creez mortels par leur trangression
Ou nous eussions tousjours esté en vie
Le Dieu tout bon sur ce prenant ennuie
A y donner remède enfin envoie
Son filz Jésus, Vérité, vie et voye,
Pour en toy, Vierge, incarnation prendre,
Tu en reçeuz une indicible joye
Dont vie en toy, par toy nous voulut rendre.

Ce haut secret d'une admiration
A l'ennemy point ne se notifie
Rien n'en cognut bien que narration
De l'Esprit Sainct soit faicte en Isaïe
Ou clerement dit en sa prophetie :
Voicy pour vraye que vierge conceura
Un enfant masle et si l'enfantera
Dieu avec nous, dit-il, pour en croix pendre
Mourir aussy, pour celuy qui croira
Qui vie en toy, pour toy nous voulut rendre.

Mère de Dieu, nostre protection,
Des desolez affable et douce amye,
Aux Pélerins es consolation
A leur oster toute melancolie,
Nous te prions de Dieu Vierge Marie
Prier pour nous ton tres cher filz Jésus
Qui règne et vit toujours ès cieux des cieux,
De nous vouloir contre Sathan deffendre
Puis en la fin te puissions voir la sus
Dont vie en toy, par toy nous voulut rendre.

ENVOY.

Royne du Ciel, nous en devotion
Sentons Liesse en nostre cœur descendre
Toujours louange et benediction
A ton cher Filz donnons sans fiction
Qui, vie en toy, par toy nous voulut rendre.

1. *Doxal*, de *trabes doxalis*, poutre où était fixé le Christ de l'arc triom-

(*Antiquitez, mémoires et observations remarquables d'épitaphes, tombeaux... veues et annotées en plusieurs villes et endroits...* par M⁰ Pierre le Monnier, notaire et bourgeois de la ville de Lille en Flandre. — *A Lille*, 1614. — Extrait copié sur ce très rare volume, à la Bibliothèque de Lille, par M. L. Quarré-Reybourbon.)

III

Reims en 1739.

(NOTICE PAR Mᵐᵉ ÉDOUARD CHANGEUX.)

Vers la fin du printemps de 1739, deux Anglais passaient le détroit et venaient faire un séjour en France, complément d'éducation apprécié, dès ce temps-là, par la noblesse anglaise.

Ils étaient jeunes, vingt-deux ans seulement, riches et déjà célèbres. Le premier, Horace Walpole [1], était fils du fameux ministre anglais, l'acheteur connu des votes du Parlement, qui se vantait de connaître le prix des consciences de tous les Lords de la Haute Chambre.

Le second de nos voyageurs est le poëte Gray [2], ami et compagnon de Walpole à l'université d'Oxford.

Il était alors trop jeune pour être très connu, mais ses essais littéraires avaient déjà été remarqués, et d'illustres amitiés lui promettaient une belle carrière.

Les jeunes gens séjournèrent d'abord dans la capitale. Paris était alors plus brillant que moral. La Régence finissait, le règne des philosophes était à son aurore. Fêté par la cour comme par la ville, Horace Walpole garda, de son passage à Paris, une empreinte ineffaçable, et, dix ans plus tard, on le retrouve, ami des encyclopédistes et commensal inséparable de Mᵐᵉ du Deffand.

En 1739, nos deux Anglais ne pensent qu'à passer quelques mois agréables : leur haute position leur donne entrée dans la meilleure société des villes où ils séjournent, et les lettres de Gray renferment, sur les pays parcourus, des détails intéressants, amusants quelquefois, bien qu'un peu superficiels en général.

En quittant Paris, nos voyageurs s'arrêtèrent à Reims, et

phal, doit s'entendre ici du jubé qui existe encore, et aux deux côtés duquel étaient placés de petits autels.

1. Horace Walpole, littérateur anglais, né à Londres (1717-1797).
2. Thomas Gray, poète anglais, né à Londres (1716-1771).

une lettre du poète à sa mère, pendant son séjour dans notre cité, ne sera pas pour nous sans intérêt :

Rheims, Juin 21, N. S. 1739.

« Il y a presque trois semaines que nous sommes dans cette ville, plus remarquable par ses souvenirs et son ancienneté que par son commerce ou le nombre de ses habitants.

« Peu de choses y attirent la curiosité de l'étranger, sauf la cathédrale.

« C'est un vaste édifice d'une beauté et d'une légèreté surprenante. Elle est couverte d'une profusion de petites statues et autres ornements. C'est là que les rois de France sont sacrés par l'Archevêque de Rheims, premier pair et primat du royaume.

« Le Saint Vase dont on se sert à cette occasion, et qui contient l'huile consécratrice, est gardé dans l'Église Saint-Nicaise, non loin d'ici [1]. On croit qu'il a été apporté du ciel par un ange pour le Sacre de Clovis, premier roi chrétien.

« Les rues de la ville ont en général un aspect triste, les maisons sont toutes vieilles. — Les promenades publiques cotoient un grand fossé creusé au pied des remparts, d'où sort un continuel coassement de grenouilles.

« Autour de la ville, s'étend une grande plaine couverte de vignes ; ce n'est pas à cette époque de l'année d'un très plaisant aspect, car les ceps de ces vignes n'ont pas un pied de hauteur.

« Mais les plaisirs que ce pays refuse à la vue, il les accorde au palais : on y boit le meilleur champagne du monde, et l'on y trouve toutes sortes de friandises délicieuses.

« Quant aux autres distractions, nous n'avons pas trouvé ici, dans le beau monde, la liberté de conversation et la facilité de rapports que nous avons remarquées sur d'autres points de la France. La société, pourtant, n'y étant pas très nombreuse, devrait vivre, semble-t-il, sur le pied d'une plus grande intimité.

« Lord Conway ayant passé quelque temps ici, à sa recommandation, Lord Walpole et moi, nous avons été de suite reçus dans la meilleure société de la ville.

« Voici le genre des réunions qui ont lieu : dès que vous entrez, la maîtresse de la maison vous présente une carte et vous offre de jouer au quadrille [2]. Vous vous asseyez et jouez quarante parties de suite !

« On n'interrompt le jeu que pour ce qu'ils appellent le goûter qui remplace notre thé. — Pendant un quart d'heure que dure le goûter, chacun se lève et se sert à son goût. — Le service est composé de vins, fruits, crème, confitures, écrevisses et fromage.

1. L'écrivain confond avec Saint-Remi.
2. Jeu de cartes que l'on joue à quatre partenaires.

« Après avoir pris ce qu'il préfère, chaque invité s'assoit de nouveau, et reprend son jeu.

« L'on termine la réunion par une petite promenade faite en société, puis chacun se retire chez soi. Les dîners et les soupers sont rares.

« Leur manière monotone de vivre ainsi entre eux ne vient pas d'une aversion pour le plaisir, mais plutôt d'une sorte de formalisme et d'habitude que rien ne dérange : ils n'ont que des rapports peu fréquents avec les gens de Paris.

« Ils ne haïssent pas la gaieté pourtant, et accueillent avec bonne grâce les occasions de divertissements, ainsi que vous allez en juger :

« L'autre soir, nous promenant au nombre de dix-huit gentilshommes et dames de la meilleure société, nous arrivâmes à une promenade qui se trouve dans la ville. Tout à coup, une des dames s'avisa de demander : « Pourquoi ne souperions-nous pas ici ? » Sitôt dit, sitôt fait, la table est dressée, la nappe mise sous les arbres, à côté d'une fontaine, et un très élégant souper nous est servi. Puis une autre de nos aimables convives ayant proposé de chanter et ayant chanté elle-même d'une façon charmante, nous en vîmes à danser en rond tout en chantant. Quelqu'un alors parla de violons ; on alla en quérir une troupe et en plein air nous dansâmes menuets, gavottes et danses champêtres.

« Cela dura jusqu'à quatre heures du matin. À cette heure-là, une de nos jeunes dames, la plus gaie et la plus en train, proposa aux gens fatigués de remonter dans leur voiture, tandis que les autres, parourant, musique en tête, les principales rues de la ville, éveilleraient les gens au son des violons.

« La chose fut si réussie et parut si originale, que Walpole entreprit de mettre en vogue ce divertissement. Il invita, la semaine suivante, à un bal en plein air ; mais l'entrain manqua ; il y eut peu de dames et son essai n'eut pas de suite.

« Je vois qu'ils vont retourner à leurs tristes parties de cartes et aux formalités de leur vie ordinaire [1]. »

Nos jeunes Anglais, qui prisaient si fort le plaisir, auraient pu, à ce moment, rechercher d'autres distractions plus sérieuses, car Reims comptait alors un groupe intellectuel de valeur : l'abbé Godinot, Clicquot-Blervache, Lévesque de Burigny et Lévesque de Pouilly en étaient le centre.

Quoi qu'il en soit, Walpole et Gray passèrent un mois dans la cité rémoise avant de poursuivre leur route vers Dijon et Lyon, ce qui prouve que, malgré tout, le séjour n'en fut pas, pour eux, dépourvu d'agrément.

1. Vol. I, lettre IV. Œuvres de Thomas Gray.

Le récit du jeune poète anglais nous a paru intéressant, car, bien que superficiel comme étude, il reproduit, d'une façon pittoresque, un aspect de la vie provinciale « au bon vieux temps. »

(Communication très obligeante de l'auteur, 27 décembre 1898.)

TABLE DE MATIÈRES

—

Voyageurs à Reims et en Champagne du XVIIᵉ siècle
jusqu'à nos jours.

	Pages.
AVANT-PROPOS	5
I. — ITINÉRAIRE DE JACOBS D'HAILLY DANS LA HAUTE-CHAMPAGNE ET LES ARDENNES EN 1695	14
22 août, départ de Lille, visite de Cambray, Saint-Quentin et La Fère	14
26 août, visite de Laon	15
27 août, Notre-Dame de Liesse, départ le lendemain matin	15
28 août, arrivée à Reims et séjour en cette ville	16
31 août, départ pour Châlons et visite de la ville	21
1ᵉʳ septembre, retour à Reims par Louvois et second séjour	23
4 septembre, départ de Reims pour Rethel et Launois	24
5 septembre, visite de Charleville et de Mézières	25
6 septembre, départ pour Sedan et séjour	26
7 septembre, excursion au Mont-Dieu et dans la vallée de la Bar	27
8 septembre, trajet de Sedan à Stenay par Mouzon	28

(Le reste du voyage en Lorraine, en Alsace et en Suisse, retour à Lille
par Paris sur la fin d'octobre.)

Table des villes et des localités parcourues.

Laon.

Notre-Dame de Liesse.

Corbeny.

Pontavert.

Cormicy.

Reims.

Sillery.

Châlons-sur-Marne.

Louvois.

Reims.

Rethel.

Novy-les-Moines.

Launois-sur-Vence.

Mézières.

Charleville.

Le Mont Olympe.

Vrignes-aux-Bois.

Sedan.

Le Mont-Dieu.

Chémery-sur-Bar.

Sedan.

Balan.

Douzy.

Mouzon.

Inor.

Stenay.

Table des monuments et des curiosités décrits.

Châlons, cathédrale, rues, Jard.

Charleville, portes, places et rues, fontaine, Petit Bois.

Corbeny, prieuré, église.

Laon, cathédrale, église Saint-Martin, citadelle.

Liesse (Notre-Dame de), église, objets précieux du trésor.

Louvois, château, avenues, parc et forêt.

Le Mont-Dieu, chartreuse, cloître, jardins.

Mouzon, église abbatiale.

Novy, prieuré, église conventuelle.

Reims, portes et rues, cathédrale, églises Saint-Nicaise, Saint-Remi, Saint-Pierre-les-Dames, jardin des Arquebusiers.

Rethel, site, rues, église.

Sillery, château, parc.

Sedan, couvent des Capucins, fortifications, église, musée d'armes.

                                                          Pages.

II. — Passage à Reims et à Liesse de Pierre le Monnier en 1610, et ballade de ce dernier pèlerinage........................... 28

III. — Reims en 1739, lettre de Thomas Gray, poète anglais, à sa mère, traduction par Mᵐᵉ Ed. Changeux, née Heidsieck........... 30